© 1988, by Rumiko Takahashi / Shogakukan /
Viz, LLC.
First published by Shogakukan Inc. in Japan.
French edition is licensed through
Viz , LLC, San Francisco

Edition française :
Traduction : Wako Miyamoto / Olivier Prézeau
Adaptation graphique et lettrage : Digibox
© 2000, Éditions Glénat
BP 177, 38008 Grenoble Cedex.
ISBN : 978.2.7234.3072.2
ISSN : 1253.1928
Dépot légal : juin 2000

Achevé d'imprimer en France

en mars 2007 par Maury-Eurolivres

EMBARQUEZ SUR **www.glenat.com**

27

LA GROTTE DE
LA SÉPARATION

EUH... EXCUSE-MOI.

EN GÉNÉRAL JE N'AIME PAS LES FEMMES ÂGÉES, MAIS JE N'AI PAS LE CHOIX...

... TU PEUX SORTIR AVEC MOI ?

WOOOSH

OOOH

SPOT

WiliiiZGWii

TECH-NIQUE MORTELLE FAÇON HAPPÔ.

FWiiiSH

IL... IL S'EST VIDÉ...

PFE..

ALORS, JE VAIS DONC...

... RENDRE VISITE AUX PARENTS DE CHACUN D'ENTRE VOUS.

LA PREMIÈRE VISITE SERA...

BLA BLA BLABLA

11

天道道場

quoi ?! le prof vient à la maison ?

MON PROF VA VENIR ICI...

... PAS PLUS TARD QUE TOUT À L'HEURE !

OH. JE DOIS DONC PRÉPARER LE DÎNER ET RANGER UN PEU LA MAISON.

HUM... RANMA HABITE AVEC SON PÈRE, DONC CHEZ LES TENDÔ.

EH OUI...

TAP TAP

EN TOUT CAS, JE DOIS PRÉVENIR SON PÈRE...

... À PROPOS DE LA VIOLENCE QU'IL EXERCE CHAQUE JOUR À L'ÉCOLE.

HMM... JE CROIS QUE C'EST LE FRUIT DE SON ÉDUCATION.

PATA PATA

TIENS, UN PETIT CHAT !

OOH, QU'IL EST MIGNON ! .. VIENS ICI, MON BÉBÉÉÉ !

TAP TAP TAP TAP

CRIIIISH

HEIN ? MLLE NINOMIYA ...

TRAVAUX EN COURS

Viiiooooouu

Miiigoo

JE ME SUIS PERDUE...

miiii

HEIN ?

STAP

QU'EST-CE QUE TU FAIS ICI TOUTE SEULE ?

EUH... JE CHERCHE LA MAISON DES TENDÔ...

MLLE NINOMIYA !

AKANÉ.

OUI, PAPA.

TON AMIE S'ÉTAIT PERDUE.

PAPA, CE N'EST PAS MON AMIE...

OH... ... VOILÀ POUR TOI.

JE TE DONNE LE BONBON QUE J'AI GAGNÉ.

OH, MERCI.

MERCI POUR AVOIR FAIT LES COURSES, PAPA.

EUH...

...?

AKANÉ...

... DEMANDE-LUI SI ELLE VEUT ENTRER À LA MAISON.

TON PAPA EST TRÈS GENTIL.

HEIN ?

EH, MLLE NINOMIYA...

... JE CROYAIS QUE VOUS ALLIEZ PARLER AVEC LE PÈRE DE RANMA...

HA, ZUT ! C'EST VRAI !

BODO BODO

J'AI FAILLI OUBLIER MA PROFESSION...

BONJOUR !

OOH ! C'EST UN PANDA !

YOUPI ! GÉNIAAAL !! JE VEUX LE MÊME !

WIIIF

TON PROFESSEUR EST EN RETARD.

EH BIEN, C'EST ELLE, MA PROF...

QU'EST-CE QU'ELLE FAIT ICI ?

LAISSE TOMBER !

CE SERAIT BIEN QU'ELLE COMMENCE À PARLER DE MES NOTES.

COMMENT ? SON PROFESSEUR EST DÉJÀ LÀ ?

OUI. ENFIN... D'APRÈS CE QU'ILS DISENT...

Hmm

TECHNIQUE MORTELLE À LA HAPPÔ.

SLAP

QUOI ?

ENCHANTÉ, MADAME.

TAP TAP TAP

JE SUIS LE PÈRE D'AKANÉ TENDÔ.

JE M'APPELLE HINAKO NINOMIYA, SON PROFESSEUR PRINCIPAL.

GWIIIIZ

HUM. PLUTÔT BIEN ROULÉE, LA PROF !

PSHIIII

HÉÉ !

QUELLE SURPRISE !

VOUS AVEZ L'AIR TRÈS MÛRE POUR VOTRE ÂGE.

ON ME LE DIT SOUVENT.

QUEL EST VOTRE PASSE-TEMPS PRÉFÉRÉ ?

HUM

PAR-DON ?

PAPA, IL Y A UN APPEL POUR TOI !

EXCUSEZ-MOI.

JE VOUS EN PRIE.

TAP TAP

PSHIIIII

PFIOU... QUELLE TENSION !

QU'EST-CE QUI SE PASSE ?

SLORF

AUCUNE IDÉE.

EXCUSEZ-MOI.

ZOUF

GWIIIIZ

RAAA

NE VOUS EN FAITES PAS.

TATA
TATAM

TU VAS ALLER À LA RÉUNION DU QUARTIER ?

OUI. JE RENTRE TARD.

HUM, VOULEZ-VOUS DÎNER AVEC NOUS, MADAME ?

OUI. MERCI !

TCHAK
DOOM

JE VEUX REGARDER LES INFOS.

MAIS LA PROFESSEUR PRÉFÈRE LES DESSINS ANIMÉS...

BANG ! BANG ! BAKOOM !

EH, MLLE NINOMIYA !

BANG BANG

SLURP

JE CROYAIS QUE VOUS VOULIEZ DIRE QUELQUE CHOSE AU PÈRE DE RANMA...

...

JE N'AI PAS OUBLIÉ.

... RANMA ? OÙ EST TON PÈRE ?...

MAIS C'EST MON PÈRE...

... AVEC QUI TU JOUES DEPUIS TOUT À L'HEURE !!

QUOI ?!

C'EST LUI, TON PÈRE ?

je suis le père de Ranma !

WAOOOH ! GÉNIAAL ! COMME TU AS DE LA CHANCE !

BAF BAF BAF

JE TE LE DONNE SI TU VEUX. ET RENTRE VITE CHEZ TOI !

BLA BLA BLA

ELLE VA RESTER ENCORE LONGTEMPS CHEZ NOUS ?

JE SUIS DE RETOUR !

OH !

C'EST PAPA...

TAP TAP

PSHiii

SLAP

JE NE TE LAISSERAI PAS FAIRE.

AH OUIIII ?

PIK PIK

HEIN ?

C'EST L'AMIE D'AKANÉ...

TU ES TRÈS MÉCHANT. JE VOULAIS LE VOIR EN ADULTE !

BAM BAM

IL EST TARD.

SI TU VEUX, TU PEUX RESTER ICI CE SOIR.

OUAIIIS ! YOUPI !

ELLE EST PEUT-ÊTRE...

... DÉJÀ AMOUREUSE DE MON PÈRE...

WAAF WAF

C'EST PAS POSSIBLE.

ZZZZ

HA

PLOP

VOOF

MLLE TENDÓ...

... TU NE VOUDRAIS PAS AVOIR UNE MÈRE ?

quand part-elle ? j'en peux plus, là !

JE N'AI RIEN ENTENDU. RIEN !

FLOF

EUH...

... JE N'EN AI AUCUNE IDÉE.

22

AUJOURD'HUI LES TENDÔ SE LÈVENT TÔT.

PIOU PIOU

PROTESH

SPURT

BON-JOUR...

OH, BONJOUR, KASUMI !

TU PEUX RESTER AU LIT.

C'EST MAMAN QUI DOIT PRÉPARER LES REPAS !

EH...

FLAF

MAMAN ?...

LAIT

FLUMP

25

KSIIIF

HIYAAAA !
ATTENDS !

RAM
BROM

HEIN
?...

TECHNIQUE
MORTELLE À
LA HAPPÔ !

TCHAF

AH !

CZWIII

TCHIIF

TENEZ BON,
MONSIEUR !

PSHIIIII

JE N'AI PLUS
DE FORCE...

GIIII

TIENS... VOUS ÊTES LE PROF D'AKANÉ...

OUI, JE SUIS HINAKO NINOMIYA.

SLAF

HMM, MONSIEUR...

... CELA FAIT LONGTEMPS QUE VOUS VIVEZ SEUL ?...

Hmm

OUI.

TRÈS LONGTEMPS...

WAAHA HA HA ! C'EST PLUTÔT TRISTE, QUOI...

OH, JE SUIS DÉSOLÉE.

ZOOK

MLLE NINOMIYA EST AMOUREUSE DE M. TENDÔ ?!

29

LE LENDEMAIN ET LE JOUR SUIVANT...

JE VEUX DES HAMBURGERS POUR DEMAIN, S'IL TE PLAÎT.

EUH...

AKANÉ...

... CETTE PROF EST TRÈS ASSIDUE.

HÉ, N'A-T-ELLE PAS DIT QU'ELLE ALLAIT FAIRE LE TOUR DES MAISONS DES ÉLÈVES ?...

Sôun Tendô, mon amour

IL PARAÎT QU'ELLE VA TOUS LES JOURS CHEZ AKANÉ ET RANMA.

TU SORS CE SOIR, PAPA ?

OUI. J'AI ENCORE UNE DE CES RÉUNIONS ...

CRUNCH CRUNCH

HIIII !

VLAM

ÇA FAIT UNE SEMAINE, MLLE NINO-MIYA.

QUOI... ?

UNE MÈRE NE DOIT PAS ÊTRE...

... FEIGNANTE ET TRAÎNE-SAVATES... C'EST UN VRAI MÉTIER !

ES-TU VRAIMENT PRÊTE À TE MARIER ?

EUH... EUH...

VOUS ÊTES DURES AVEC MOI...

VOUS ÊTES TROP MÉCHANTES, LES FILLES !

ENFIN DÉBARRASSÉS...

TU VOIS, ÇA A ÉTÉ RAPIDE POUR LUI FAIRE BAISSER LES BRAS... HÉ HÉ !

AINSI, IL NE FAUT PAS RESTER PASSIVE SI JE VEUX QU'IL ME DEMANDE EN MARIAGE.

HEIN ?

C'EST L'AMIE D'AKANÉ...

QU'EST-CE QUE TU FAIS ENCORE ICI ?

EH BIEN... JE VOUS ATTENDAIS, EN FAIT...

OH, JE SUIS DÉSOLÉ DE T'AVOIR FAIT ATTENDRE, QUE VEUX-TU ?

BON, S'IL N'Y A RIEN, ALORS BONNE NUIT.

TAP TAP

ET LE MARIAGE...

PFF...

ON A ENFIN LA PAIX DANS CETTE MAISON DE DINGUES !

fatigué !

SHOOUF

SLAM

ZZz

HEIN... ?

WIIIIZGWII

HÉ, QU'EST-CE QUE TU FAIS ?

SHIII...

J'AI DÉCIDÉ DE PASSER À L'ACTION !

JE VAIS SÉDUIRE M. TENDÔ GRÂCE À MON CHARME IMMENSE !

RDOOAAA

ÇA...

... ÇA SUFFIT ! CETTE FOIS C'EN EST TROP !

AÏE !

BAOM

TAP TAP TAP

QU'EST-CE QU'IL Y A ?!

KSHAK

RAN-MAAA...

MLLE NINO-MIYAAAA...

AH...

Huf Huf

M. TENDÔ...

... VOUS ÊTES ARRIVÉ AU BON MOMENT... ENFIN...

QU...

... QUELLE DÉBAUCHE ! VOUS N'AVEZ PAS HONTE ?!

ARGH... ?!

C'EST... C'EST UN MALENTENDU !!

NOUS NE SOMMES PAS...

EN UN CLIN D'ŒIL, J'AI COMPRIS VOTRE PETIT JEU, C'EST ÉVIDENT !

TOULOULOU

IL EST EN COLÈRE À CAUSE DE TOI !

KRR

NON ! C'EST TA FAUTE !

QUE... QUE FAIRE ?...

M. TENDÔ ME DÉTESTE, MAINTENANT !...

MLLE NINO-MIYA !

OUI...

FLOF

JE VOUS PRÉSENTE...

... TOUTE MES EXCUSES !

FLORF

QUOI ?

COMMENT AS-TU OSÉ FAIRE UNE CHOSE PAREILLE...

... À MLLE NINOMIYA QUI N'EST PAS ENCORE MARIÉE ?!

QUOI ?!

NOOO-OON !

MAIS TU ÉTAIS EN TRAIN DE LA FAIRE TOMBER !

EN TANT QUE RESPONSABLE DES TENDÔ...

... JE DOIS PRENDRE MES RESPONSABI-LITÉS...

HEIN ?...

VOUS PRENEZ VOS RESPONSABILITÉS ?

HA !...

ÇA TOMBE MAL !

JE VAIS
PRENDRE...

... MES
RESPONSA-
BILITÉS...

VOUS FEREZ
DONC CE QUE
JE VOUS
DEMANDE ?!

BIEN
SÛR !

DANS CE
CAS...

... ÉPOUSEZ-
MOI...

NON !

?!

ELLE S'EST CACHÉE DERRIÈRE UN TATAMI !

TECHNIQUE MORTELLE À LA HAPPÔ !

OUF...

... J'AI ÉCHAPPÉ DE JUSTESSE À LA HONTE !

SODA POPS

43

... C'EST...

... UNE DAME DE SERVICE DE LA CANTINE.

NOOOON ! PAS DU TOUT !!

C'EST NOTRE BELLE-MÈRE.

HA HA HA !

C'EST L'ÉPOUSE DE NOTRE PÈRE !

MENTEUSES ! ELLE EST BIEN TROP JEUNE !

HUM

QU'EST-CE QUI SE PASSE À L'ENTRÉE ?

TAP
TAP

MON CHÉRI !

SHLAM

PARDON ?!...

OH, MAMAN ! FWACK

COMME JE SUIS CONTENTE !

NABIKIIII ! MAIS, QUE...?

PAPA... POUF

SOYEZ HEUREUX ! VIVEZ VIEUX !

BZJÏÏF

SNIF ! MERCI, NABIKI. ADIEU !

Ha

MINCE... MAIS C'EST UNE FUITE D'AMOUREUX !...

SUIS-LES, MAMAN ! KPOW

FWiiiSH

LE SOLEIL SE LÈVE BIENTÔT...

EUH...

QUiiSH

ENFIN SEULS...

ÇA A ÉTÉ UN DUR COMBAT.

SNIF

MLLE NINO-MIYA...

... QUE VOULEZ-VOUS ME DIRE ?

ÊTES-VOUS PRÊT À L'ENTENDRE ?...

BIEN SÛR !

TSS !

TU AS TOUT GÂCHÉ ! RAAAH !

PSHiiiiii

OH, NON ! ON Y ÉTAIT PRESQUE...

QUOI ?! ESPÈCE DE PETITE PESTE !

PAPA !

WAK WAK

SHAK SHAK

CRIISH

Ha...

HÉ ! HO ! PAPA !

MA DOUCE AKANÉ ...

SKRIii

NE TE REMARIE PAS...

...C'EST PROMIS ?

ME REMARIER ...

...MARIAGE...

SCROTCH SCRITCH

POF

J'AI FAILLI OUBLIER...

KSHIN

C'EST NOTRE ANNIVERSAIRE DE MARIAGE AUJOURD'HUI.

IL AIME ENCORE MAMAN... EH BIEN, ME VOILÀ RASSURÉE.

J'AVAIS CONFIANCE EN PAPA DÈS LE DÉPART.

TU L'AS VENDU POUR 10000 YENS.

M. TENDÔ...

Hmm

M. TENDÔ !...

J'AI COMPRIS...

... MAIS UN JOUR...

... ÇA MARCHERA. J'EN SUIS SÛRE.

EUH... NON !

RENTRE CHEZ TOI, MAINTENANT. TU M'AS ENTENDU ?

TON AMIE VIENT ICI TRÈS SOUVENT, JE TROUVE. ELLE NE ME GÊNE PAS, MAIS... PRESQUE.

CRONCH CRONCH

CE N'EST PAS MON AMIE !

FU FU FU ! J'AI ENFIN OBTENU CES BILLETS D'ENTRÉE.

EXPOSITION
LES FIGURINES DE CIRE VENUES DE L'ENFER

du 10 au 30 avril
Galeries de la Terreur

2000 ¥

ET PUIS UN BOU-QUET !

FLAF

SHAMPOO, SORS AVEC MOI. JE MEURS D'AMOUR POUR TES BEAUX YEUX ÉTINCELANTS.

OH, JE SUIS SI CONTENTE !...

JE VOULAIS VOIR ÇA DEPUIS LONGTEMPS !

DOONG

SHAM-POO !

VLAF

KLAN

SALUT, CHÉRI !

WOUAH !

SLAM

SORS AVEC MOI !

JE REFUSE !...

TAP TAP

A.... ATTENDS-MOI, SHAMPOO !

STIP

SORS AVEC MOI !

GARF

DÉSOLÉE. JE SUIS TRÈS OCCUPÉE.

DES LUNETTES ?...

CHIP

HUM ?

HÉ !

N'UTILISE RIEN SANS MON ACCORD !...

QUOI ?! JE T'AIDE À CONTRECOEUR...

TZING

BAOM

CAT CAFE

J'AI PERDU RANMA.

IL N'EST PAS GENTIL AVEC MOI...

TCHIP

À TABLE !

BON APPÉTIT !

C'EST GRAVE, RANMA !

MOUSSE EST DEVENU FORT ? ÇA C'EST NOUVEAU !

PFF

MÉMÉ PLEURAIT PARCE QU'IL L'AVAIT TAPÉE.

IMPOSSIBLE !

MÉMÉ EST TROP VIEILLE, IL N'A PAS PU FAIRE ÇA, QUAND MÊME...

HOU HOU HOU HOU

QUE VOUS LE CROYIEZ OU NON...

... C'EST POURTANT LA TRISTE VÉRITÉ...

SWIP

MOUSSE !...

64

TU GÂCHES NOTRE DÎNER !

VA-T'EN D'ICI !

RAN-MA !

PFF...

QU'EST-CE QUI SE PASSE, ICI ?!

VAS-Y ! CONTRE-ATTAQUE !

SLAP

EX...

OUUUUH

... EXCUSE-MOIIIIIII ! JE T'EN PRIIIIE !

POM POM POM

PFF !

PARDON ! TU PEUX ME BATTRE SI ÇA TE PLAÎT...

HMM...

CE N'EST PAS MON GENRE DE BATTRE LES FAIBLES...

... MAIS PUISQUE TU INSISTES ...

TIENS ! PRENDS ÇA ! ET ÇA ! ET ÇA !

SBATCH

POF

AH !... PARDONNE-MOI...

TU AS VU, SHAM-POO ?

TU DOIS M'ADORER, MAINTENANT !

BOOOOOUH

QU'EST-CE QUE TU FAIS À RANMA ?!

KCHOUN

SNIF SNIF

TOI AUSSI TU T'ES FAIT PIÉGER PAR LUI, RANMA...

CAT CAFE

C'EST ABSURDE ! POURQUOI DOIS-JE M'EXCUSER ?!

C'EST TROP TARD...

POURQUOI MOUSSE EST-IL DEVENU FORT TOUT À COUP ?

HUM...

IL PORTAIT DES LUNETTES BIZARRES...

C'EST À CAUSE D'ELLES.

CES LUNETTES SONT UN DES TRÉSORS DE LA TRIBU DES FEMMES.

DES LUNETTES D'INVINCI-BILITÉ ?...

OUI.

CELUI QUI EST VU À TRAVERS CES LUNETTES...

... NE PEUT PAS S'EMPÊCHER DE SE RABAISSER DEVANT SON ADVERSAIRE. ET L'HUMILIATION EST INSTANTANÉE...

ÇA VEUT DONC DIRE...

... QUE MOUSSE N'EST PAS DEVENU AUSSI PUISSANT.

NON, BIEN SÛR.

CES LUNET-TES...

SKRAP

O... OH...

... SONT UN MOYEN DE DÉFENSE POUR LES GENS FAIBLES ET LES ENFANTS.

JE NE SAVAIS PAS...

... ET J'AI MÊME ÉTÉ FIER D'AVOIR GAGNÉ...

AAH...

J'AI TELLEMENT HONTE.

JE VOIS.

CE TYPE DE LUNETTES...

... EST FAIT POUR UN PAUVRE TYPE COMME MOUSSE !

WAHA HA HA HA !

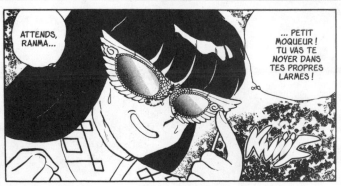

ATTENDS, RANMA...

... PETIT MOQUEUR ! TU VAS TE NOYER DANS TES PROPRES LARMES !

JE SUIS DÉSOLÉ POUR HIER SOIR.

J'AI UTILISÉ UN MOYEN DES PLUS LÂCHES...

OH... ... LES LUNETTES D'INVINCIBILITÉ ?

OUI. J'AI VRAIMENT HONTE DE...

... CE QUE J'AI FAIT.

ÉCOUTE !

FRAPPE-MOI POUR ME PUNIR...

... D'AVOIR USÉ D'UN ARTIFICE AUSSI MESQUIN !

CE N'EST PAS LA PEINE.

SI, ÇA VAUT LA PEINE POUR MOI !

ALLEZ ! ARRÊTE TON CINÉ-MA !

GARF

FRAPPE-MOI...

... POUR MA LÂCHETÉ !

SPUD

SCRITCH

OOOH

74

BON...

EH BIEN ...

... SI TU INSISTES TANT !...

ZAAAF

TCHAK

KIIIII

BOUHOUU ! HOU HOUUU ! JE SUIS DÉSOLÉ !...

BOM BOM BOM

WAAA

RANMA LUI DEMANDE PARDON !

QUOI ?... NON, CE N'EST PAS VRAI ?...

RANMA EST EN LARMES !

IL S'EXCUSE, IL EST EN LARMES...

AKANÉ ...

... QU'EST-CE QU'IL A, RANMA ?

Hmm

LES LUNETTES D'INVINCIBILITÉ... LE TRÉSOR DE LA TRIBU DES FEMMES.

CELUI QUI EST REGARDÉ À TRAVERS ELLES NE PEUT PAS S'EMPÊCHER DE SE RABAISSER DEVANT SON ADVERSAIRE...

RANMA S'EST EXCUSÉ EN LARMES !

RANMA S'EST EXCUSÉ EN RAMPANT SUR LE SOL COMME UN VER DE TERRE !

HOUUU !!

IL CHIALAIT !...

IL A DEMANDÉ PARDON À MOUSSE !... ÇA FAIT PITIÉ, OUAIS !

CAT CAFE

MOUSSE ! MONTRE-TOI !

POUTCH

78

RANMA DEMANDE ENCORE PARDON !

... ET IL PLEURNICHE ENCORE !!

IL EST ENCORE EN LARMES ! IL DEMANDE QU'ON LE PIÉTINE COMME UN VIEUX CHEWING-GUM !

IL A REMIS LES LUNETTES !...

MOUSSE, POURQUOI ES-TU SI LÂCHE ! TU N'AS DONC AUCUNE LIMITE ?!

LA FERME !

SMUD

BROM

C'EST UN ÉCRAN DE FUMÉE !

HA

C'EN EST TROP...

GRRRR

80

AAAAAAAH!!!

RANMA, RELÈVE-TOI, TU NOUS FAIS HONTE !!

ON RÊVE ?!...

IL EST ENCORE À GENOUX COMME UN PERDANT !

OH, NOOON ! C'EST TROP HUMILIANT ! JE CRAAAQUE !

SHLUUP

IL EST PARTI EN PLEURANT.

OUI, EN PLEURANT COMME UNE MADELEINE !

TU COMMETS UNE GRAVE ERREUR, MOUSSE.

C'EST TROP LÂCHE...

POURQUOI DOIS-JE PERSUADER MOUSSE DE LÂCHER CES LUNETTES ?

CAT CAFE

JE CROIS QU'IL ESSAIE D'ATTIRER TON ATTENTION PARCE QUE TU ES FROIDE AVEC LUI.

EN TOUT CAS, CES LUNETTES NE LUI APPORTERONT RIEN DE BON.

PFF...

JE REFUSE.

ÇA NE ME REGARDE PAS.

...

HEIN ?

MOUS-SE...

AH !

SHOOOF

ES-TU CONTENT DE GAGNER CONTRE RANMA AVEC CE STRATAGÈME SCANDALEUX ?

...

CE TYPE DE LUNETTES EST FAIT POUR UN PAUVRE TYPE COMME MOUSSE !

BRR BRR

MOUS-SE !

WAHA HA HA ! OEIL POUR OEIL, DENT POUR DENT !

ZOOF

MAIS...

... IL EST TORDU, CE GARÇON !

RANMA !

RANMA !

BRO BRO BROM

EST-CE VRAI QUE TU AS DEMANDÉ PARDON À MOUSSE EN PLEURANT COMME UNE LIMACE MISÉRABLE ?!

CRIISH

ZLAF

ET ALORS ?!

SKWIIF

WOAH, JE SUIS DÉSOLÉ !

JE NE SAVAIS PAS QUE TU ÉTAIS VEXÉ.

POM POM

Défi pour Mousse.

TU M'AS DÉÇUE...

SKOU¿

SNIF

SHAMPOO...

VOOF

C'EST LA PREMIÈRE FOIS...

... QUE JE L'AI FAIT PLEURER...

DODOM DOM

AU MÊME MOMENT...

DONNE-MOI L'OUTIL LE PLUS LÂCHE DU MONDE !

CRIiiiSH

PLUS LÂCHE QUE LES LUNETTES D'INVINCIBILITÉ ?

TU NE VAUX PLUS QUE MOUSSE...

... RANMA PRÉPARAIT SA (PIÈTRE) CONTRE-ATTAQUE.

C'EST UN MOT DE RANMA ?...

NATUREL-LEMENT.

Défi pour Mousse.

CHER MOUSSE,

METTONS FIN À NOTRE COMBAT...

... TU PEUX ENCORE UTILISER TES LUNETTES D'INVINCIBILITÉ...

... JE TE BATTRAI MALGRÉ CELA.

J'ACCEPTE SON DÉFI !

MOUSSE ...

JE SAIS... ... QUE LES LUNETTES D'INVINCIBILITÉ...

... SONT UNE ARME DE DÉFENSE...

... POUR LES FAIBLES OU LES ENFANTS...

MAIS... ... JE TE PROPOSE UNE AUTRE UTILISATION...

... DE CES LUNETTES...

...

TRÈS BIEN !

JE NE SAVAIS PAS...

C'EST POUR TON INFORMATION.

ADIEU !

SHIIIF

WAAF WAAF

CAT CAFE

SHAM-POO...

TU M'AS DÉÇUE...

TES LARMES M'ONT FAIT PLUS MAL QU'UN MILLION DE COUPS DE POING.

JE TE JURE...

... DE ME BATTRE CONTRE RANMA SANS LES LUNETTES D'INVINCIBILITÉ !

TU ME PARDONNE-RAS, SHAM-POO ?!

JE VAIS CHANGER L'EAU DU VASE.

KLAM

SPLOOSH

COIN COIN

WOOOH

RANMA ET MOUSSE VONT SE BATTRE !

ViiiOOOOOuuu

SHAMPOO NE VIENT PAS ?

ELLE N'A PAS ENVIE DE VOIR ÇA.

A-T-ELLE VRAIMENT ABANDONNÉ MOUSSE ?...

MOUSSE...

BEAUCOUP DE CHOSES SE SONT PASSÉES ENTRE NOUS...

... MAIS NOUS ALLONS FAIRE DE NOTRE MIEUX.

SNAP

CE N'EST PAS FINI...

A... ATTENDS, RANMA !

J'ALLAIS JOUER FRANC-JEU AVEC TOI... ALORS SOIS SYMPA !

MASQUE DE POLLEN ALLER-GÈNE...

SLAP

... UNE ARME DÉFENSIVE POUR LES PERSONNES SOUFFRAN-TES !

KOF KOOF KOF

POUAH !...

BRAVO, RANMA !

... MAIS TU ES ENCORE PLUS LÂCHE QUE MOUSSE !

BIEN FAIT POUR TOI !

DOING DOING POUM

JE LE MÉRITE...

... CAR C'EST MOI QUI AI TOUT COMMENCÉ...

BIEN FAIT POUR TOI !

BIEN FAIT POUR TOIII !

PFF...

MOUS-SE...

VA-T-IL UTILISER LES LUNETTES D'INVINCIBILITÉ ?!...

TU VAS TROP LOIN...

BLINK

UNE ARME DÉFENSIVE POUR LES BÉBÉS...

COB

... TÉTINE ENFLAMMÉE !

FSSH'T

PENDANT QUE TU TE SAUVES... ... PRENDS ÇA !

KPAOOO

BAVAM

GGH...

CRIIISH

J'EN PEUX PLUS...

IL Y EXISTE UNE AUTRE FAÇON D'UTILISER LES LUNETTES...

... EN LES PORTANT À L'ENVERS...

... ON DEMANDE PARDON À SON ADVERSAIRE EN PLEURANT.

CELA PEUT ÊTRE UN OUTIL DE RÉCONCILIATION.

C'EST CE QUE TU AS FAIT. TU ÉTAIS AU COURANT, MOUSSE...

... MAIS IL ME SEMBLE NE PAS AVOIR PERDU MA DIGNITÉ.

PFF...

JE NE ME SOUVIENS DE RIEN. J'ÉTAIS EMPORTÉ PAR LA COLÈRE...

...

ON EST EN PLEIN ÉTÉ, MAIS...

MATELAS À LOUER
1000 yens la journée

DOUCHES 100 yens les 5 min.

... IL N'Y A PERSONNE D'AUTRE QUE NOUS...

INTERDICTION DE NAGER HORS DU PÉRIMÈTRE
DANGER

ATTENTION CHIENS MÉCHANTS

FLOTCH FLOTCH

"DANGER" ?!

"ATTENTION CHIENS MÉCHANTS" ?...

IL Y A DES CHIENS DANS LA MER ?

ATTENTION CHIENS MÉCHANTS

VOUS DITES...

... QU'IL Y A UN MONSTRE ICI ?

OUI...

HOTEL

Biiizzzzzz

FLAP FLAP

IL EST LÀ DEPUIS PLUSIEURS DIZAINES D'ANNÉES.

FLAP FLAP

美字

CHAQUE ÉTÉ, IL TENTE D'ATTIRER...

... DES JEUNES FILLES AU FOND DE LA MER.

DESSIN IMAGINAIRE

NOUS N'AVONS PLUS DE VISITEURS À CAUSE DE ÇA...

SNIF SNIF SNIF

SNIF

NOUS NE POUVONS PLUS SURVIVRE...

entendu.

CHASSER LES MONSTRES, C'EST NOTRE TRAVAIL !

C'EST POUR CETTE RAISON QUE...

PSHIIII

SHWIIISH

HOTEL

OÙ SUIS-JE ?

TU T'ES RÉVEILLÉ ?

ÇA VA, RANMA ?

TU FLOTTAIS INCONSCIENT À LA SURFACE.

OÙ EST LE MONSTRE ?!

LE CHIEN DU SANCTUAIRE...

EN PARLANT DE ÇA...

SMOF

TISH

112

IL EST MOCHE, CE MAILLOT ! TIENS, METS CELUI-CI, IL T'IRA MIEUX.

C'EST UN CADEAU POUR TOI...

OH, TU AS RAISON, IL EST TRÈS BEAU.

C'EST AINSI QU'ILS M'ONT JETÉ À LA MER COMME ON JETTE UN PROSPECTUS...

JE NE POURRAI REPOSER EN PAIX QUE SI NATSUHIKO ME DIT QUE JE SUIS BEAU...

C'EST POUR ÇA QUE TU HANTES RANMA...

TANT QUE NATSUHIKO NE DIRA PAS QUE TU ES BIEN...

... RANMA NE POURRA PAS RETIRER CE MAILLOT ?!

IL N'A QU'UNE SEULE CHANCE...

BOUHOUHOOU

SI MON SOUHAIT NE SE RÉALISE PAS AVANT LE COUCHER DU SOLEIL...

... JE DEVRAI RETOURNER À LA PORTE DU SANCTUAIRE AVEC CETTE JEUNE FILLE...

GULPS

FLOP FLOP

BLOPS

LAISSE-MOI TRANQUIIILLE ! MAUDITE CHOSE !

AÏE ! AÏE ! ÇA ME FAIT MAAAAAAL !

MON... MON DIEU !

116

BLOK

C'ÉTAIT UNE BLAGUE, BIEN SÛR !

J'AI UN VAGUE SOUVENIR...

... DE CE QUE VOUS VENEZ DE ME RACONTER...

CE N'EST PAS TELLEMENT À MON GOÛT, MAIS...

... C'EST POUR AIDER LES GENS...

PFF

ATTENDS ...

... NE LE FRAPPE PAS AVANT QU'IL DISE DU BIEN DU MAILLOT...

IL EST COOL, TON MAILLOT !

GOOD

MAIS QU'EST-CE QU'IL RACONTE, CE VIEILLARD ?!

C'EST LUI, NATSUHIKO !

NOON ! NATSUHIKO EST JEUNE ET BEAU !

IL L'ÉTAIT IL Y A LONGTEMPS !...

SHRIK

IL FAUT TROUVER QUELQU'UN QUI RESSEMBLE AU JEUNE NATSUHIKO...

MAIS VOYONS, C'EST IMPOSSIBLE... COMMENT RÉALISER CE PRODIGE ?

POUM BAM GRRR BAOM

HEIN ?!

JE T'AI CHERCHÉE PARTOUT...

KCHOUN

NA... NATSUHIKO...

QUOI ?!

QUI ÊTES-VOUS ?!

DODOM!

118

SHWiiiiSH

HOTEL

NA...
NATSU-
HIKO...

WiiiSH

FLAP
FLOP

AÏE !

COMME
TU M'AS
MANQUÉ !

SHRiiic

120

EH BIEN, NOUS EN SOMMES LÀ... IL FAUT QUE KUNÔ DISE DU BIEN DU MAILLOT AVANT LE COUCHER DU SOLEIL...

... SINON, LE MAILLOT RISQUE D'ATTIRER RANMA...

... AU FOND DE LA MER !

MAIS CE MAILLOT EST VRAIMENT TROP LAID...

... POUR QU'ON EN DISE LE MOINDRE BIEN...

PFF ! AVEC KUNÔ, J'AI DÉJÀ GAGNÉ D'AVANCE !

KUNÔ, J'AI QUELQUE CHOSE À TE DEMANDER.

QU'EST-CE QUE TU VEUX ?

PEUX-TU DIRE QUE MON MAILLOT EST BEAU ?

HA HA HA ! C'EST FACILE !...

DOKI DOKI

PAS QUESTION!!

... ET POURTANT JE REFUSE !

POU...
POU...

... POUR-QUOI ?...

Hmm

FLOF

HIII !

IL NE ME PLAÎT PAS.

ENLÈVE VITE CE MAILLOT, JE LE TROUVE FRANCHEMENT... ... BIZARRE.

JUSTEMENT, JE NE PEUX L'ENLEVER QUE SI TU DIS QU'IL EST BEAU !

MOI, JE TE VAIS TRÈS BIEN, TU SAIS ?

SNIF SNIF

OH, ARRÊ-TE !

C'EST CE MAILLOT QUI IRA PARFAITEMENT À LA FILLE À LA NATTE !

JE L'AI COMMANDÉ SPÉCIALEMENT POUR TOI.

ÇA NE VAUT VRAIMENT PAS LA PEINE !

BOf

UN... UN TEL MAILLOT...

VRRR

JE SUIS PROFONDÉMENT VEXÉ ! JE NE M'EN REMETTRAI SANS DOUTE JAMAIS !

SPAT

HUU...

VOUS AVEZ L'AIR PERDU, MAIS...

... IL FAUT QUE CE TYPE DISE DU BIEN DU MAILLOT, N'EST-CE PAS ?

HA

ON VA LE SUIVRE !

SHWIIIF

ATTENDS-MOI, KUNÔ !...

PLISH PLASH

LAISSEZ-MOI ! JE RENTRE CHEZ MOI !

PLOTS

QU'EST-CE QU'IL Y A ?

GLISH

EN REGARDANT DE PRÈS...

... TU NE TROUVES PAS QU'IL EST MIGNON, CE MAILLOT ?...

BON ! POUR S'AMUSER, ON VA CASSER DES PASTÈQUES AVEC LA TÊTE !

CONTRÔLE-TOI, RANMA !...

IL JOUE AVEC MES NERFS, CE TYPE !...

NE TE FÂCHE PAS CONTRE LUI... NON...

HEIN ?

CE JOUR-LÀ, J'ALLAIS JOUER AVEC NATSUHIKO TOUTE LA JOURNÉE...

... PORTÉ PAR MADEMOISELLE.

FILLE À LA NATTE !

C'EST QUE MON CŒUR A ÉTÉ TOUCHÉ !

KUNÔ !...

IL VA EN DIRE DU BIEN QUAND MÊME...

PARDONNE-MOI !

J'AI ÉTÉ MÉCHANT CAR TU AS DÉTRUIT MON MAILLOT FÉTICHE !

... MAIS DÈS LE DÉPART, JE PENSAIS QUE TON MAILLOT ÉTAIT CHIC !

SHPLOOISH

HEIN ?

C'EST...

... C'EST BIEN VRAI ?...

JE SUIS HEUREUX...

ADIEU...

SWOOF

IL MONTE AU CIEL...

CETTE FOIS, C'EST FINI...

PSHiii

QUEL DOMMAGE... IL T'ALLAIT SI BIEN...

ÇA VA... TU N'AS PLUS BESOIN DE MENTIR. GRRR !

IL TE PLAÎT ? MÊME S'IL EST MOINS BIEN QUE L'AUTRE...

TU ÉTAIS VRAIMENT SINCÈRE, ALORS ?

CELUI-CI EST MIEUX, NON ?

136

C'EST...

SPOF

HEIN ?

Les 100 meilleurs endroits !
Faites... LE TOUR DE L'ENFER !!

Nouveau !

SPOUT

... C'EST ÇAAAAA QU'IL ME FAUT ! GÉNIAL !!

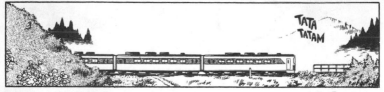

TATA TATAM

UNE GROTTE QUI PERMET DE MESURER LE COURAGE ?

BODO BODO

ALLONS-Y POUR NOUS AMUSER ! VITE, JE SUIS IMPATIENTE D'Y ÊTRE ! MARCHEZ PLUS VITE, VOYONS !

... JE NE PEUX PAS Y ALLER.

BON.

POF

ALLEZ-Y, VOUS !

JE VOUS ATTENDRAI ICI !...

HEIN ?

ENTRÉE

POM

ÇA VA FAIRE TRÈS PEUR !

VOTRE AMIE NE VOUS LÂCHERA PAS...

KRII KRI KRII KRII

...

ÇA NE ME TENTE PAS TELLEMENT AVEC AKANÉ.

NE T'INQUIÈTE PAS... JE NE TE DEMANDERAI PAS DE ME PROTÉGER.

TU N'AS QU'À Y ALLER AVEC UKYÔ !

POUM

C'EST UNE BONNE IDÉE !

HMM ?

CRIIK

OÙ SUIS-JE ?

Huf Huf

BRAM BROM

RYÔ...

RYÔGA !

ALLONS-Y, RYÔGA !

TCHOU

GGH ?

CAVERNE AUX FANTÔMES
LA GROTTE DE LA SÉPARATION

ILS SONT PARTIS...

LÀ, ON N'A PLUS LE CHOIX.

ON Y VA...

NE PROFITE PAS TROP DES TÉNÈBRES.

BRRRR

TU AS MA PAROLE !

J'AI PEUR... ON DIT QUE TOUT COUPLE QUI PASSE DANS CETTE GROTTE SE SÉPARE JUSTE APRÈS...

VOYONS, HÉBIKO...

... NOTRE COUPLE PEUT RÉSISTER À N'IMPORTE QUELLE ÉPREUVE !

HO, HO, HOO, HOOO ! QUI VA LÀ ?

HUM... ELLE EST MIGNONNE, TA COPINE. ÇA NE PEUT PAS DURER COMME ÇA...

QUE VOULEZ-VOUS ?

LAISSE TA COPINE ICI.

KABAHIKO ! TU M'AS SACRIFIÉE ! NOOOON, REVIENS !!

PARDON, HÉBIKO !

EN EFFET...

... MAIS ÇA NE FERA PAS PEUR À RANMA.

JE SAIS.

LE POINT CULMINANT, C'EST LA SORTIE.

LA VRAIE PEUR DE LA GROTTE SE TROUVE À LA SORTIE.

C'EST LA SORTIE !...

ON EST SAUVÉS !

MÊME UN COUPLE QUI A FRANCHI TOUTES LES ÉPREUVES...

... EST SÉPARÉ DE FORCE PAR UNE HORDE DE FANTÔMES...

VOUS ÊTES TOUJOURS ENSEMBLE ?...

PARTAGEONS NOTRE MALHEUR !

CE SONT LES ESPRITS DES COUPLES QUI ONT ÉTÉ SÉPARÉS DANS CETTE GROTTE...

MÊME SI RANMA ET AKANÉ PASSENT LA SORTIE...

... ILS SERONT QUAND MÊME SÉPARÉS POUR DE VRAI !

SLOPF

BRR

EST-CE VRAIMENT UNE GROTTE MAUDITE ?

ÇA NE ME FAIT PAS PEUR DU TOUT.

!

GRIP

SOIS MA COPINE, JEUNE FILLE ! TU OUBLIERAS BIEN VITE MES PLAIES BÉANTES !

GWOOO

Hiiiii

NOOOOON !

SKRiii

HEIN ?!

QU... QU'EST-CE QUE TU AS ?

LÀ... LE... FANTÔ... TÔME...

IL N'Y A RIEN.

IL... IL A DISPARU...

BRR BRR

UN VRAI FANTÔME ?!

TU ES BÊTE OU QUOI ?!

VIENS !

UNE FILLE ...

MIAM ! C'EST BON...

MA FEMME M'A QUITTÉ. NIARK !

QU'EST-CE QUE TU AS DEPUIS TOUT À L'HEURE ?

QUOI ?!

TU ES INSENSIBLE OU QUOI ?...

TU NE VOIS DONC RIEN ?!

QUOI DONC ?

RESTE AVEC MOI, S'IL TE PLAÎT...

JE VAIS MOURIR DE PEUR, ICI...

TAP TAP

MAIS... AKANÉ SE MONTRE TRÈS MIGNONNE...

... AVEC RYÔGA !...

HÉ !

PLOK

JE PEUX MÊME MOURIR SUR-LE-CHAMP, CE N'EST PAS MON PROBLÈME !

ABRUTI ! DÉBILE !

VOOF

SNIF

C'EST RIDICULE.

ALLONS-Y, UKYÔ.

ARRÊTE, RANMA !

BANG

VIENS PAR LÀ !

VEUX-TU VRAIMENT ALLER À LA SORTIE AVEC AKANÉ ?!

M... MINCE !

ÇA NE VA PAS !

JE DOIS RÉCONCILIER RANMA ET AKANÉ LE PLUS VITE POSSIBLE...

CRACK

OH...

... SI SEULEMENT JE POUVAIS CONSERVER CE BONHEUR...

BRAK

SÉPAREZ-VOUS !...

DZZZ DZZ

SÉPAREZ-VOUS !...

RANMA, AKANÉ, PASSEZ DEVANT.

QUOI ?

...

JE VAIS TE PORTER SUR MON DOS.

IL N'A JAMAIS ÉTÉ AUSSI GENTIL AVEC MOI... C'EST LOUCHE !

GRRR

D'ACCORD...

ALLONS-Y, RYÔGA.

OUI.

Hmm

GWIB

ARRÊTE !...

PAAK

TU VAS ME PORTER SUR LE DOS ?

MERCI BEAUCOUP !

SHAK SHAK

?...

ELLE EST EN PLEINE FORME, À CE QUE JE VOIS.

PSHII
PSHIII

AS-TU OUBLIÉ NOTRE BUT...

... DE PASSER ENSEMBLE PAR LA SORTIE ?

NON, JE N'AI PAS OUBLIÉ !

LAISSE TA COPINE ICI OU TU VAS LE REGRETTER !...

SKRiiiii

!

ATTENTION, AKANÉ !

KLAN

POF

RYÔGA !

OH...

ARRÊTE, JE TE DIS !

OUUUH

154

C'EST UNE SITUATION FORMIDABLE...

... J'AIMERAIS RESTER COMME ÇA POUR TOUJOURS !

VOOOOOOO

ON NE VA PAS PASSER LA SORTIE !

JE VAIS RESTER DANS CETTE GROTTE AVEC AKANÉ POUR TOUJOURS !

NON, MON CHÉRI, J'AI SI PEUR !

HA HA HA

HEIN ?

BODO BODO

C'EST TRÈS BIEN COMME ÇA !

OÙ ALLEZ-VOUS ?!

WIIIPF

RÉVEILLE-TOI, RANMA ! VITE ! VITE ! VITE !

J'AI L'IMPRESSION QU'ON EST PERDUS...

TU CROIS ?

NON, CE N'EST QU'UNE IMPRESSION.

NE T'INQUIÈTE PAS. JE TE PROTÉGERAI DES FANTÔMES TOUTE NOTRE VIE...

PLIK PLOK

HEIN ?

RYÔGA ?...

CROF

MANGER !...

NOOOOOOON!!

HEIN ?!

C'EST LE CRI D'AKANÉ !

CHBAOF

AKANÉ !

BAM

AÏE !

SPLASH

ZZIIIIII

JE N'EN PEUX PLUS.

TU N'AS QU'À RESTER AVEC MOI.

OÙ EST PASSÉ RYÔGA ?

C'EST MOINS COMPLIQUÉ SANS LUI...

AUCUNE IDÉE.

DODOM DODOM

Entrée

SPLOOSH

Bain public

HEIN ?

C'EST UN BAIN PUBLIC ! ÇA TOMBE BIEN.

MAIS QU'EST-CE QU'IL FAIT DANS CETTE GROTTE ?

ON N'A PAS LE CHOIX. IL FAUT PASSER PAR LÀ.

C'EST TRÈS JOLI À L'INTÉRIEUR.

SHPLISH

ÇA ME SOULAGE.

JE VAIS ME REPOSER UN PEU.

J'ESPÈRE QUE RYÔGA NOUS RATTRAPERA.

QU'EST-CE QUE TU RACONTES...

158

... OUBLIE RYÔGA.

IL N'Y A QUE RANMA SUR QUI TU PUISSES COMPTER.

MAIS RYÔGA EST BIEN PLUS GENTIL QUE RANMA...

PIK PIK

JE VAIS ATTENDRE RYÔGA.

Kiiii

HEIN ?

QUELLE IMBÉCILE...

SHUUP

LE BAIN POUR HOMMES...

BLOP BLOP BLUP BLUP

C'EST L'ENFER, ICI...

VITE, JE VEUX PAS RESTER LÀ TROP LONGTEMPS...

HEUREUSEMENT QU'IL Y A UN BAIN...

TU PARLES ...

BLOOUG

SLASH

J'ALLAIS DÉRAPER...

MON RÊVE NE SE RÉALISE QUE...

SÉPAREZ-VOUS...

SÉPAREZ-VOUS...

... SI L'ON RÉUSSIT À FAIRE PASSER LA SORTIE À AKANÉ ET RANMA.

RANMA !

FLITCH

QUOI ?

BAAAAH...

DÉSORMAIS, TU PRENDRAS BIEN SOIN D'AKANÉ !

TU AS COMPRIS ?!

MAIS, QUE...?

Sortie

hommes femmes

JE T'AI ATTENDU LONGTEMPS, SAMÉKO.

AH, ÇA M'A FAIT DU BIEN !

femmes

MAIS IL NE M'A PAS ATTENDUE !

NE SOIS PAS EN COLÈRE...

LES FEMMES PRENNENT BIEN SOIN DE LEUR CORPS.

QUOI ?!

TAP TAP

JE NE PEUX PLUS L'ATTENDRE.

BEAUCOUP DE COUPLES SE DISPUTENT.

ÇA MARCHE BIEN, ALORS...

C'EST FINI ENTRE NOUS.

TRÈS BIEN COMME ÇA.

BLA BLA BLA

BLA BLA

OH, RYÔGA...

MINCE !

EUH...

NE TE MONTRE PLUS DEVANT NOUS !

PARDON !

BLOM

UKYÔ A L'AIR BIZARRE, TU NE TROUVES PAS ?...

... RYÔGA AUSSI...

HA ?!

PEUT-ÊTRE QUE...

QUOI ?

TU ES VRAIMENT INSENSIBLE !

Hmm

JE N'HÉSITERAI PLUS JAMAIS.

CE N'EST PAS CONVAINCANT.

LA SORTIE N'EST PAS LOIN !

IL FAUT LES RÉCONCILIER À TOUT PRIX !

RAN-MAAA !

STAP

TAP TAP

OH...

SALUT !

POURQUOI TU M'AS RIEN DIT ?!

QUOI ?

JE SUIS DÉSO-LÉE, UKYÔ.

JE N'AI PAS REMARQUÉ TOUT DE SUITE...

QUOI ?

ALLONS-Y, AKANÉ.

OUI.

ILS SE SONT RÉCONCILIÉS ?...

ON LES A ENTRAÎNÉS DANS NOTRE DISPUTE...

ON A ÉTÉ BÊTES...

SÉPA-REZ-VOUS !

SÉPA-REZ-VOUS !

NE VOUS MÉPRENEZ PAS !

NOUS NE SOMMES PAS DES AMOUREUX !

MEN-TEURS !

NE VOUS INQUIÉTEZ PAS POUR NOUS !

OCCUPEZ-VOUS PLUTÔT D'EUX !

SORTIE

C'EST TA FAUTE ! TU T'ES COLLÉE À RYÔGA...

VOUS AVEZ L'AIR PLUS AMOUREUX QU'EUX.

JE M'EN VEUX...

TAP TAP TAP

ET TOI À UKYÔ...

TU M'AS ARNAQUÉ !

C'EST PAS DE MA FAUTE !

Thé glacé

QU'EST-CE QUI S'EST PASSÉ AVEC EUX ?

UNE SCÈNE DE MÉNAGE, JE SUPPOSE...

CORNETS ESQUIMAUX

QUELQU'UN A VOLÉ LES COPIES D'EXAMEN...

... QUE J'ALLAIS VOUS RENDRE AUJOURD'HUI...

HUM. QUEL DOMMAGE !

ON EST SAUVÉS...

HUM HUM...

QUE CELUI QUI LES A VOLÉES LÈVE LA MAIN...

... ÇA RESTERA SECRET.

BOOOOH

... HÉ !

RÉVEILLEZ-VOUS !

HA !

PLITCH

J'AI MIS TOUTES VOS COPIES D'EXAMEN DANS CETTE MONTGOLFIÈRE !

JE PUBLIERAI TOUTES VOS MAUVAISES NOTES CET APRÈS-MIDI !

QUOI ?!

C'EST UNE VIOLATION DES LIBERTÉS INDIVIDUELLES !...

POUR ÉVITER LA PUBLICATION, VOUS DEVEZ ATTRAPER CET OBJET... C'EST UN SYSTÈME D'ARRÊT !

C'EST VOTRE SEUL MOYEN DE M'ARRÊTER, IL FAUT L'ATTRAPER... SI VOUS LE POUVEZ !

D'ACCORD !

OH !

GOOD BYE, BOYS !

... DE SAVOIR QU'UN MAUVAIS ÉLÈVE COMME TOI S'INTÉRESSE QUAND MÊME À SES NOTES !

TU TE TROMPES.

QUOI ?!

TU NE VEUX PAS SAVOIR TA NOTE, RANMA ?!

WAAA

PFF

UN PRATIQUANT D'ARTS MARTIAUX NE PRÊTE PAS ATTENTION À SES NOTES D'EXAMEN.

JE FAIS SIMPLEMENT FACE À L'ATTITUDE DICTATORIALE DU PRINCIPAL.

C'EST TOUT !

VOICI DONC LA COPIE DE RANMA SAOTOMÉ.

JE VAIS DIRE SA NOTE.

VAS-Y ! VAS-Y !

HEIN ?...

OH !
MY GOD !!

NOOOOOON !

POF POF

CE SERAIT TROP CRUEL POUR TOI...

... DE LA LIRE EN PUBLIC !

STAK

HÉ ! ATTENDS !...

BRAVO, RANMA !

HOOOOOOOO

DAMNED !

HA HA...

LA BALLE EST DANS MON CAMP !

MAIS LE COMBAT NE FAIT QUE COMMENCER !

IL Y A UNE PHRASE DIFFICILE ET EN ANGLAIS SUR CET OBJET !!

IL FAUT D'ABORD LA COMPRENDRE POUR SUIVRE LES INSTRUCTIONS...

... ET FAIRE DESCENDRE LA MONTGOLFIÈRE !

HUM !

TU TE MOQUES DE MOI OU QUOI ?

AHAHAHAHA

ÇA VA ALLER, RANMA ?

NE ME SOUS-ESTIME PAS !

SLAP

ARGH !

QU'EST-CE QU'IL Y A ?!

...

TU NE COMPRENDS PAS CE QUI EST INSCRIT ?...

GRRr

KISS ME HERE !

TU NE COMPRENDS PAS L'ANGLAIS. TU ES UN CANCRE !

C'EST TOI...

POP POP

KISS ME : EMBRASSE-MOI, HERE : ICI.

... QUI ES DÉBILE !

KRUSH

FLOUP FLOUP

NON ! TU AS CASSÉ LA TÉLÉCOMMANDE !

PSHIiiiiiiiii

OH !

ON NE POURRA JAMAIS CONNAÎTRE NOS NOTES D'EXAMEN...

TSS !

JE N'AI PAS PU PROUVER QUE JE N'ÉTAIS PAS IDIOT... QUELLE POISSE !

BONSOIR ! C'EST L'HEURE DES INFORMATIONS DE CMN.

UNE MONTGOLFIÈRE QUI PORTAIT LES COPIES D'EXAMEN DE LYCÉENS JAPONAIS EST ARRIVÉE AUX ÉTATS-UNIS...

... CE N'EST PAS MAL.

... POUR TENDÔ AKANÉ...

... POUR RANMA SAOTOMÉ...

... CE N'EST PAS TROP MAL...

MAIS CE N'EST PAS UNE NOTE DONT TU PEUX ÊTRE FIER !

FIN DE RANMA 1/2 VOLUME 27. LA SUITE DES AVENTURES ?
DANS LE PROCHAIN VOLUME !

L'APPRENTI MANGA-KA

Akira Toriyama
Tome 1

DRAGON BALL

Akira Toriyama
Tomes 1 à 42 / Double - # 1 à 16

KATSUO

Takashi Hamori
Tomes 1 à 10

BASTARD!!

Kazushi Hagirawa
Tomes 1 à 22

Dr SLUMP

Akira Toriyama
Tomes 1 à 18

GUNSMITH CATS

Kenichi Sonoda
Tomes 1 à 8

KENSHIN

Nobuhiro Watsuki
Tomes 1 à 28

BLAME

Tsutomu Nihei
Tomes 1 à 9

EXAXXION

Kenichi Sonoda
Tomes 1 à 5

HISTOIRES COURTES

Akira Toriyama
Tomes 1 à 3

MACROSS 7 TRASH

Haruhiko Mikimoto
Tomes 1 à 8

COWA

Akira Toriyama
Tome 1

GUNNM

Yukito Kishiro
Tomes 1 à 9

HOSHIN

Ryû Fujisaki
Tomes 1 à 12

グレナ

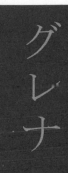